LA
GAZETTE DES SOCIÉTÉS
ET
DU DROIT FINANCIER

ARRÊT

de la Cour d'Appel de Paris

16 Novembre 1925

Extrait de la GAZETTE DES SOCIÉTÉS

ET DU DROIT FINANCIER

— FÉVRIER — MARS 1926 —

ADMINISTRATION
LIBRAIRIE ARTHUR ROUSSEAU
ROUSSEAU et Cie, Editeurs
— 14, RUE SOUFFLOT, 14 — PARIS (Ve) —
Trib. Com. Seine n° 34.180

LA

GAZETTE DES SOCIÉTÉS ET DU DROIT FINANCIER

EXTRAIT DES NUMÉROS DE FÉVRIER ET MARS 1926

COUR D'APPEL DE PARIS (9e Chambre) (*16 novembre 1925*)

1° EMISSION D'ACTIONS. — AUGMENTATION DE CAPITAL. — SOUSCRIPTION ET VERSEMENT IRRÉGULIERS. — DÉLIT DE L'ARTICLE 13 DE LA LOI DU 24 JUILLET 1867. — ACTION PÉNALE. — RECEVABILITÉ. — DÉLAI DE PRESCRIPTION. — ELÉMENTS DU DÉLIT. — CARACTÈRE MATÉRIEL. — ABSENCE D'ÉLÉMENT INTENTIONEL.

2° DISTRIBUTION DE DIVIDENDES FICTIFS. — DÉLIT. — ELÉMENT MORAL. — INTENTION FRAUDULEUSE. — INVENTAIRE. — SINCÉRITÉ DES ÉVALUATIONS (DÉFAUT DE).

1° L'émission — c'est-à-dire la mise à la disposition du public — d'actions nouvelles d'une société anonyme constitue le délit prévu et puni par l'article 13, § 1er de la loi du 24 juillet 1867, lorsqu'elle est faite en contravention aux prescriptions des articles 1er et 24 de cette loi, relatives à la souscription du capital et au versement du quart, ces prescriptions étant applicables au capital nouveau comme au capital originaire.

Par suite, l'irrégularité résultant de l'inobservation de ces prescriptions peut être utilement réparée (quant à l'exercice de l'action pénale) par les personnes qui en sont pénalement responsables — administrateurs et directeurs —, tant que l'émission des actions nouvelles n'est pas opérée, c'est-à-dire même après la déclaration notariée de souscription et de versement et même après l'assemblée générale chargée de vérifier la sincérité de cette déclaration; mais, une fois l'émission opérée, l'action pénale devient aussitôt recevable et elle subsiste dès lors, même si l'irrégularité de l'émission se trouve couverte avant l'introduction des poursuites (à la différence de l'action en nullité et de l'action en responsabilité civile prévues par l'article 8, § 3 de la loi de 1867).

D'autre, part, l'infraction prévue par l'article 13, bien que constituant un « délit », à raison de la nature de la peine qui la sanctionne, est punissable en dehors de toute intention frauduleuse, dès que les conditions qui viennent d'être définies se trouvent réunies.

2° *L'article 45 de la loi de 1867, punissant des peines de l'article 405 du Code pénal les administrateurs de sociétés anonymes qui se sont rendus coupables du délit de distribution de dividendes fictifs renferme deux conditions : la distribution d'un dividende fictif et l'absence d'inventaire ou l'existence d'un inventaire frauduleux : ce délit comprend donc à la fois un élément matériel et un élément moral qui est l'intention frauduleuse.*

Mais l'intention frauduleuse ne doit pas être confondue avec le mobile et elle existe toutes les fois que, dans l'établissement de l'inventaire, la vérité a été sciemment dissimulée sur l'importance de certains éléments, soit de l'actif, soit du passif de la société.

Ministère public et parties civiles c. Berthelot, Chautard, Pernotte et autres (Banque industrielle de Chine)

La Cour,

Considérant que les appels interjetés, tant par le Ministère public et les parties civiles, sauf Bonheur non appelant, et par les prévenus Berthelot et Pernotte, ont été régulièrement faits par déclaration au Greffe dans le délai légal; qu'ils sont donc recevables en la forme;

En ce qui concerne Frézouls renvoyé des fins de la poursuite par les premiers juges et intimé sur les appels du Ministère public et des parties civiles:

Considérant que Frézouls est décédé à Saint-Maur le 13 juin 1924; que la justification du décès a été produite; que l'action publique est éteinte à son égard;

En ce qui concerne Favareille, renvoyé des fins de poursuite par les premiers juges et intimé sur les appels du Ministère public et des parties civiles:

Considérant qu'il résulte de certificats médicaux que Favareille est gravement malade et se trouve dans l'impossibilité de se présenter devant la Cour; qu'il y a lieu de disjoindre et de renvoyer l'affaire, en ce qui le concerne, à une audience ultérieure.

Au fond:

Considérant que la société anonyme dite: Banque Industrielle de Chine a été fondée à la fin de l'année 1912, par André Berthelot et le banquier Charles Victor; que les statuts ont été déposés chez Me Lavoignat, notaire à Paris, le 28 décembre 1912; que cette société avait pour objet de faire toutes opérations de banque et de finances en tous pays et plus spécialement en Chine où elle devait s'efforcer de mettre en œuvre des accords déjà intervenus entre elle et le Gouvernement de la République chinoise;

Considérant que son capital social était fixé à 45 millions de francs, divisé en 90.000 actions de 500 francs, comprenant 3.000 actions de fondateurs, auxquelles étaient attribuées certains avantages et 67.000 actions ordinaires; que le premier quart seulement avait été appelé sur toutes les actions; que, le 15 février 1918, le versement du second quart a été effectué; que, le 25 octobre suivant, le capital a été porté de 45 à 75 millions par l'émission de 60.000 actions nouvelles à libérer de moitié, avec une prime de 15 francs par action;

Considérant que, le 28 novembre 1919, une Assemblée générale extraordinaire a autorisé le Conseil d'administration à porter, en une ou plusieurs fois, le capital de 75 à 250 millions par la création de 350.000 actions nouvelles de 500 francs; que, le même jour, le Conseil d'administration a décidé de réaliser en partie cette augmentation, en portant le capital à 150 millions par l'émission de 150.000 actions nouvelles de 500 francs par action, ce qui devait produire une somme totale de 62.250.000 frs;

Considérant que, le 24 avril 1920, Ballu, administrateur, a certifié devant Me Ferrand, notaire à Paris, que les 150.000 actions avaient été souscrites par 3.540 personnes, sociétés ou gouvernements, et qu'il avait été versé en espèces, par chaque souscripteur, une somme de 250 francs, égale à la moitié du montant nominal des actions par lui souscrites et en outre une prime de 165 francs par action; que le 7 mai suivant, l'assemblée générale a validé les opérations de cette seconde augmentation du capital;

Considérant que, le 11 juin 1920, le Conseil d'administration a arrêté les termes des résolutions à présenter à une assemblée générale convoquée pour le 25 du même mois; que la première portait approbation du rapport des commissaires aux comptes; du compte de l'exercice clos, le 31 décembre 1919, et répartition des dividendes; que ces résolutions ont été votées par l'assemblée générale; que le solde bénéficiaire s'élevant à 16.250.061 francs a été réparti et que le montant des dividendes y compris un acompte déjà distribué, a été fixé à 6.011.280 francs;

Considérant que, au mois de novembre suivant, la situation de la Banque Industrielle de Chine est devenue tellement critique, que des concours financiers urgents ont été indispensables pour empêcher sa chute immédiate; qu'un consortium des principales banques dut lui avancer, moyennant certaines garanties, le 13 janvier 1921: 24.173.000 francs, puis, quelques jours plus tard, le 18 janvier 1921, 109 autres millions; que le 15 février, la Banque de France dut lui réescompter 140 millions d'effets et enfin, au mois de mai, une nouvelle avance de 8 millions; que ,magré cet effort considérable, la situation n'a pu être rétablie et que la Banque Industrielle de Chine a dû solliciter du Tribunal de Commerce de la Seine un règlement transactionnel qui lui a été accordé le 26 juillet 1921;

Considérant que, à la suite de diverses interpellations et d'une longue discussion au sujet des répercussions de la défaillance de la Banque Industrielle de Chine sur les intérêts de la France en Extrême-Orient, la Chambre des Députés, a, le 27 décembre 1921, voté l'ordre du jour suivant: « la Chambre, résolue à préserver de toute atteinte le prestige et le crédit de la France en Extrême-Orient, et confiante dans le gouvernement, pour prendre à cet effet toutes les mesures nécessaires, confiante en lui également pour que soient établies toutes les responsabilités engagées dans cette affaire, passe à l'ordre du jour »; qu'au cours des débats, M. le Président du Conseil avait annoncé le dépôt d'un projet de loi, tendant à sauvegarder les intérêts matériels et moraux de la France en Chine, par l'utilisation de l'indemnité dite « des Boxers »; qu'en conséquence a été déposé le projet qui est devenu la loi du 24 mars 1922; que cette loi a autorisé le gouvernement à négocier avec le gouvernement chinois un accord, par lequel les annuités dues à la France, en exécution du protocole du 7 septembre 1901 et qui restaient à courir à la date du 31 décembre 1917, pourraient être affectées à la sauvegarde des intérêts matériels et moraux de la France en Extrême-Orient; qu'en vertu de cette loi, un accord est intervenu entre les Gouvernements français et chinois, aux termes duquel l'indemnité « des Boxers » a été affectée au remboursement des créanciers de la Banque Industrielle en Extrême-Orient; que cet accord a été ratifié par la loi du 8 février 1923;

Considérant que c'est dans ces conditions qu'une instruction a été ouverte à l'effet de déterminer les causes de ce désastre, de rechercher si elles ne sont pas la conséquence de faits délictueux et d'établir les responsabilités;

Considérant que de cette information il est résulté que l'émission initiale et celle qui a eu pour objet la première augmentation de capital, au mois d'octobre 1918, ont été régulières; mais qu'il n'en aurait pas été de même de l'émission d'actions faite en 1920, lors de la seconde augmentation du capital; que l'instruction a révélé trois séries de délits: 1° délit d'émission d'actions en violation des dispositions des articles 1, 2 et 3 de la loi du 24 juillet 1867; 2° délit de négociation d'actions en infraction à l'article 14 de la loi du 24 juillet 1867; 3° délit de distribution de dividendes fictifs à l'aide d'un inventaire frauduleux (article 15 de la loi du 24 juillet 1867).

Sur le délit d'émission:

Considérant qu'aux termes de l'article 1er, § 2, de la loi du 24 juillet 1867, les sociétés en commandite ne peuvent être définitivement constituées qu'après la souscription de la totalité du capital et le versement en espèces, par chaque actionnaire, du quart au moins des actions, lorsqu'elles sont de cent francs et au-dessus; que les dispositions de l'article 1er ont été complétées par l'article 24 de la même loi et déclarées applicables aux sociétés anonymes; que cette prescription est d'ordre public; que, par suite, malgré le silence de la loi, elle s'étend aux augmentations de capital autorisées par l'assemblée générale des actionnaires; que le capital nouveau, comme le capital originaire est la garantie des tiers; que, par suite, l'un et l'autre doivent être constitués dans les mêmes conditions;

Considérant que l'émission d'actions d'une société dont le capital a été augmenté, lorsqu'elle est faite en contravention à ces prescriptions, constitue un délit prévu et puni par l'article 13, § 1 de la loi du 24 juillet 1867; qu'il y a lieu de remarquer toutefois que ce délit résulte, non de ce que la société a été irrégulièrement constituée, mais de ce que l'émission, c'est-à-dire la mise des titres à la disposition du public, a eu lieu, alors que le versement du quart sur chaque action n'avait pas encore été opéré;

Considérant qu'il n'est pas contesté que les actions ont été créées et remises aux souscripteurs; qu'elles ont donc été émises au sens de l'article 13, § 1er;

Considérant, que d'autre part, il est établi que, postérieurement à l'émission, les vices qui auraient entaché la constitution ont été réparés et que les versements sur chacune des actions émises ont été tous effectués, avant le commencement des poursuites;

Considérant que la défense soutient qu'en admettant que, au jour de l'émission, certains versements n'auraient pas encore été effectués, l'action publique à raison de ces infractions, ne serait plus recevable, par suite de la régularisation qui a été faite; qu'elle s'appuie sur le § 3 ajouté à l'article 8 de la loi de 1867, par la loi du 1er août 1893, aux termes duquel l'action en nullité de la société n'est plus recevable et qui ajoute que l'action en responsabilité, qui punit les faits dont peut résulter la nullité de la société, n'est plus recevable, si, avant l'introduction de la demande, la cause de nullité a cessé d'exister et si en outre trois ans se sont écoulés depuis le jour où la nullité était encourue;

Mais considérant que telle n'est pas la portée de l'article 8, § 3 précité; que de ce texte il résulte seulement que si les vices qui entachaient la constitution de la société, ont été réparés cette régularisation couvre la nullité dont la société était entachée; que, pendant trois années, elle permet d'exercer toutes poursuites contre ceux qui sont responsables des irrégularités commises; que, par suite, l'action pénale subsiste nécessairement, puisque, d'une part, l'article 8, § 3, ne le spécifie pas et que, d'autre part, le législateur a pris le soin de laisser, malgré la régularisation, survivre l'action en responsabilité civile pendant trois ans, depuis le jour où l'infraction a été commise, c'est-à-dire jusqu'au moment où l'action publique est elle-même éteinte par la prescription;

Considérant que l'action publique est recevable en principe; qu'il y a lieu de rechercher en fait si, comme le prétend la défense, le versement du quart a été fait, en temps utile, sur chaque action souscrite;

Considérant qu'il est reconnu qu'à la date du 24 avril 1920, jour où a été faite la déclaration notariée de souscription et de versement, certains versements n'étaient pas encore effectués; mais que du rapprochement de l'article 1er § 1, et de l'article 24 § 2, de la loi, il résulte nécessairement que le versement peut être régulièrement fait jusqu'au jour où la première assemblée générale vérifie la sincérité de la déclaration; qu'en effet, c'est après le vote de cette assemblée que la société est réellement constituée, s'il s'agit de la formation d'une société, ou que l'augmentation de capital se trouve définitivement réalisée; que, de plus, une sanction pénale n'est encourue qu'autant que le versement du quart n'était pas effectué au moment de l'émission; que, par suite, le délit disparaît si l'irrégularité résultant de ce que le quart n'était pas encore versé au moment où l'assemblée générale s'est réunie, a été réparée avant qu'aucun titre ne fût émis;

Considérant d'ailleurs que les premiers juges, s'inspirant de ce principe, ont considéré que la loi pénale n'était pas applicable toutes les fois que les versements avaient été opérés en espèces dans la période écoulée entre le 24 avril 1920, jour de la déclaration, et la date à laquelle a commencé l'émission ;

Considérant que le jugement a déclaré, en conséquence, que sur les 82.488 actions dont l'émission avait paru irrégulière, il ne devait en être retenu que 6.478, se décomposant ainsi: 5.695, souscrites à Paris par 15 personnes, et 783, souscrites en Extrême-Orient par 36 personnes;

Considérant que cette affirmation est contestée; qu'il est soutenu que, même sur ces 6.478 actions, tous les versements avaient été effectués avant l'émission; qu'il y a donc lieu d'examiner le mérite des justifications invoquées relativement à chacun des souscripteurs de ces actions;

Considérant qu'une objection a été faite, en ce qui concerne ces divers comptes, par les parties civiles qu'elles représentent; que si ces souscriptions avaient été effectuées en temps utile, il n'eût pas été nécessaire de constituer en octobre 1921, un compte provisionnel destiné à assurer l'exact versement du quart sur toutes les actions; qu'en versant les fonds destinés à cette régularisation, les administrateurs ont implicitement reconnu que les prescriptions légales n'avaient pas été observées et qu'ils en étaient responsables ; mais considérant qu'en effet, le 11 octobre 1921, les administrateurs Chautard, Espivent de la Villeboinet, de Ganay, Henry et Loste, ont adressé à André Berthelot, président du Conseil d'administration, une lettre dans laquelle ils rappelaient qu'au cours d'une des réunions du Conseil d'administration, M. Max Girard avait exposé que le rapport de M. Doyen relevait certainement quelques irrégularités dans les opérations relatives à la deuxième augmentation de capital et que ces irrégularités, dont l'existence était d'ailleurs contestée, pourraient éventuellement susciter des difficultés, voire même compromettre l'œuvre de reconstitution de la Banque Industrielle; qu'ils déclaraient avoir été unanimes à se rallier à la proposition faite, tant par Max Girard que par André Berthelot, de réunir entre les membres du Conseil d'administration une somme de cinq cent mille francs, somme jugée suffisante pour couvrir toutes les irrégularités relevées; qu'un compte provisionnel a donc été ouvert dans ces conditions avec les deniers fournis personnellement par les adhérents, en vue uniquement, de mettre obstacle à une demande en nullité, et sous cette réserve: « que le versement de cette somme ne pourrait, en aucun cas, être considéré comme la reconnaissance d'irrégularités que le Conseil d'administration n'avait pas pu commettre ou d'une responsabilité quelconque »;

Considérant que des débats et de l'examen des pièces produites, il résulte que, à tort, certains souscripteurs avaient été considérés par les premiers juges comme n'ayant pas versé avant l'émission le quart sur chacune des actions par eux souscrites; qu'ainsi, ce que d'ailleurs a expressément reconnu l'arrêt de cette Chambre, du 21 juin 1921, qui a acquis force de chose jugée, Pernotte a fait une souscription unique à 6.886 actions, accompagnée d'un versement global de 1.660.000 francs, alors qu'il suffisait d'une somme de 860.750 francs pour les libérer du quart, tandis que les premiers juges avaient estimé qu'il y avait eu deux souscriptions distinctes, l'une de 4.000 actions, pour lesquelles il y aurait eu tout à la fois versement de moitié et paiement de la prime, et l'autre de 2.896 actions, pour lesquelles aucun versement n'avait été effectué antérieurement à l'émission;

Considérant que la régularisation a été faite encore en temps utile, par Gallusser dont les différents comptes, à fin juin 1920, présentaient, il est vrai, un solde débiteur, mais qui, le 21 février 1920, avait envoyé un chèque de 111.555 francs, sur la Garanty Trust de New-York, qui a été encaissé et qui était affecté spécialement au règlement de sa souscription; par Van Dyck dont le compte personnel présentait un solde débiteur de 1.036.478 francs le 30 mars 1920, somme bien supérieure au versement du quart sur ses 2.950 actions; qu'en ce qui le concerne, il a été objecté que trois autres comptes Van Dyck étaient débiteurs à cette date, mais que ces comptes complètement distincts avaient trait: le premier à des opérations commerciales en cours ayant le caractère d'un crédit documentaire, et les autres à deux catégories distinctes d'opérations qui étaient gagées par des dépôts de titres et étaient communs à Van Dyck et à d'autres personnes;

Considérant, qu'il est établi également que, avant l'émission, les souscriptions suivantes avaient été régularisées par le versement du quart: Adam, qui avait souscrit à 500 actions et non à 2.376, pour lesquelles le versement était de 62.500 francs, et dont le compte au 5 mai 1920 était créditeur de 196.067 frs 95; Boulet qui, il est vrai, n'avait rien versé au moment de la souscription sur les 23 actions par lui souscrites et dont le compte était à ce moment débiteur, mais qui, pour régulariser sa souscription, a versé, le 6 mars 1920, avec affectation spéciale: 4.349 frs 25; Druilhe Victor, qui avait souscrit à deux actions irréductibles et à 10 actions réductibles, auquel n'ont été attribuées que les 2 actions irréductibles, et dont le compte était créditeur de 5.745 frs 05; Gaudiot dont le compte était débiteur de 5.597 fr. 64, le 27 avril, lorsqu'il a été avisé que deux actions lui étaient attribuées et que son compte avait été débité du montant du versement exigé, mais qui a remis un chèque de 21.319 fr. 40 sur la Banque de France, lequel a été encaissé et porté le 18 juin au crédit de son compte; que Liebman, auquel ont été attribuées 20 actions sur 50 par lui souscrites et dont le compte était débiteur, le 18 février 1920, jour de la souscription, par suite de l'achat de titres qu'il avait laissés en garantie, a le 19 avril suivant, sur l'avis du découvert causé par le non versement, versé une somme de 33.337 frs 75, spécifiant qu'elle était affectée d'abord et jusqu'à due concurrence, au paiement du montant de sa souscription; que la régularisation a également été faite en temps utile, en ce qui concerne les 10 actions souscrites par Mouly; que Muratier, sur une souscription à 2 actions irréductibles et à 2 actions réductibles, n'a obtenu que deux actions; que son compte était, le 10 février 1920, créditeur de 249 francs et couvrait à 1 franc près le versement du quart sur les deux actions; que, de plus, il a remis le 16 du même mois, un virement de 1.080 francs, sur la Banque de France, qui a été encaissé trois jours plus tard; qu'enfin, si le 2 mars 1920, au moment où le compte de la Société Maritime et Commerciale du Pacifique a été débité du montant de sa souscription à 350 actions, ce compte présentait un débit de 35.490.965 francs, il a été reconnu que, le 21 février précédent, le montant de cette souscription avait été couvert par un versement fait avec une affectation spéciale;

Considérant qu'il reste encore certains souscripteurs pour lesquels le versement du quart ne pouvait être considéré comme effectué au jour de l'émission; que leurs comptes ont été simplement débités du montant de la souscription, alors que ces comptes étaient déjà débiteurs au 7 mai 1920 et l'étaient encore au jour de l'émission;

Qu'ainsi de Cérenville a souscrit 112 actions dont son compte courant a été débité le 25 février 1920, pour 46.480 francs; qu'à cette date son compte était débiteur de 205.460 frs 79; que ce compte n'a pas cessé d'être débiteur jusqu'au 7 mai 1920; qu'à cette date, le débit était de 247.778 frs 35; que depuis le 7 mai, il n'a pas cessé d'être débiteur; qu'il a été soutenu que le quart avait été libéré, parce que, d'une part, il avait, le 9 février 1920, vendu pour 40.572 frs 55 soixante sucreries brésiliennes et que, le 10 du même mois il avait versé 32.978 francs; mais que ces sommes avaient été portées au crédit de son compte pour atténuer le découvert; que la situation est la même pour la demoiselle Choppin qui avait souscrit à 26 actions; que de même, le versement ne peut être considéré comme régulièrement fait par Collu; que celui-ci avait souscrit 100 actions et remis, à titre de versement, des effets à l'escompte pour lesquels il avait été crédité de 100.000 francs;

Que de l'expertise, il résulte que Gauvin, souscripteur de 3 actions, Maquarts, souscripteur de 2 actions, dame Mairy souscripteur de 4 actions, n'ont fait aucun versement; qu'aucune justification d'un versement n'a été produite devant la Cour;

Considérant que la Banque Centrale française a fait une souscription globale à 25.909 actions; que ni au moment de la souscription, ni à celui de l'émission cette banque n'avait à son compte provision suffisante pour faire face au versement du permier quart; qu'il est soutenu, il est vrai, que sur ces 25.909 actions, 21.693

étaient souscrites pour le compte des agences d'Extrême-Orient de la Banque Industrielle de Chine, celles-ci n'ayant pu faire parvenir à Paris, en temps utile, les bulletins de souscription de leur clientèle;

Mais considérant, d'une part, que la Banque Centrale ne pouvait sans mandat spécial, souscrire pour le compte de tiers; que, d'autre part, cette souscription ne peut être considérée comme fictive, comme le soutiennent les parties civiles; que la Banque Centrale était un établissement financier sérieux qui a réellement souscrit; que peu importe que cette banque eût eu l'intention de ne pas conserver pour son compte les actions par elle souscrites et de les rétrocéder à des personnes domiciliées en Extrême-Orient, qui désiraient en acquérir; que si le versement du quart n'a pas été effectué, il n'est pas cependant prétendu qu'au moment de la souscription la Banque Centrale française pût être regardée comme insolvable; qu'à aucun point de vue elle ne saurait donc être considérée comme ayant joué le rôle de souscripteur imaginaire destiné à faire croire au public qu'une émission qui, en réalité, n'avait réuni qu'un nombre insuffisant de souscripteurs, avait été couverte;

Considérant par suite que, si le chiffre des actions sur lesquelles le versement du quart n'était pas opéré au jour de l'émission se trouve notablement réduit, il en subsiste cependant un certain nombre et que, par suite, le délit est suffisamment établi;

Considérant qu'à bon droit les premiers juges ont considéré comme auteurs principaux du délit, le Président du Conseil d'administration Berthelot, qui avait les pouvoirs d'un administrateur délégué, et les membres du Conseil d'administration qui étaient en fonctions et qui avaient pris part à la vérification de la sincérité de la déclaration notariée, relative à l'augmentation du capital; qu'il en est de même de Pernotte directeur de la Banque Industrielle de Chine, en fonctions à cette même époque, et qui, à raison même de sa situation dans la société, était tenu d'exercer un contrôle actif sur ses opérations; que si le fait de n'avoir pas personnellement opéré le versement sur 2.886 actions par lui souscrites, retenu contre lui, par les premiers juges, a été écarté par le présent arrêt, cette circonstance est sans influence sur sa responsabilité pénale, relativement aux autres actions irrégulièrement émises;

Qu'en effet la responsabilité pénale du délit d'émission pèse nécessairement sur toutes les personnes qui, aux termes de la loi du 24 juillet 1847, sont tenues de s'assurer de la régularité de l'émission, qu'il s'agisse d'une formation initiale d'une société, ou d'une augmentation du capital social;

Considérant que les prévenus soutiennent que, s'agissant d'un délit, l'intention coupable est un élément essentiel et que, dans l'espèce, cet élément fait défaut; qu'ils n'ont pu procéder à des vérifications minutieuses et qu'ils ont cru que tous les versements avaient été exactement effectués; qu'ils ajoutent qu'ils étaient d'autant mieux fondés à penser que les opérations étaient régulières, que le chiffre des souscriptions ayant très notablement dépassé le nombre des actions émises, des remboursements très importants avaient dû être faits et, en réalité, avaient été faits aux personnes dont la souscription n'avait pu être admise ou avait dû être réduite;

Mais considérant que bien que constituant un délit à raison de la nature de la sanction pénale prévue par la loi, l'infraction aux dispositions des articles 1er, § 1er et 13 de la loi du 24 juillet 1867 est punissable, en dehors de toute question d'intention frauduleuse dès que les conditions imposées par ces articles pour l'émission des actions n'ont pas été observées; qu'aucun doute ne peut exister en présence des travaux préparatoires de la loi; que, se plaçant au point de vue des éléments constitutifs, le rapporteur a qualifié cette infraction de *contravention*;

Considérant qu'il y a donc lieu de confirmer la décision des premiers juges en tant qu'ils ont déclaré Berthelot, Pernotte, Chautard, Ballu, de Cérenville, Henry, Loste et Perchot, coupables du délit d'émission d'actions de cinq cents francs d'une société anonyme dont un certain nombre n'étaient pas libérées du quart;

Considérant qu'en ce qui concerne Chautard, Ballu, de Cérenville, Henry, Loste et Perchot, administrateurs de la société, il y a lieu d'accorder le bénéfice des circonstances atténuantes.

Sur le délit de négociation d'actions non libérées du quart:

Considérant que le jugement dont est appel, a déclaré Pernotte coupable d'avoir, de mai à octobre 1920, négocié des actions dont la forme était contraire aux dispositions des articles 1, 2 et 3 de la loi du 24 juillet 1867 ou pour lesquels le versement du quart n'avait pas été effectué conformément à l'article 2 de ladite loi;

Considérant que, malgré la formule employée dans le dispositif du jugement et qui n'est d'ailleurs que la reproduction du texte de l'article 14 de la loi de 1867, l'inobservation des dispositions légales consistait uniquement dans la négociation d'actions qui, à ce moment, n'étaient pas libérées du quart;

Considérant que, en fait, de mai à octobre 1920, sur les 6.886 actions par lui souscrites, Pernotte en a rétrocédé 2.886 à diverses personnes; mais que, ainsi qu'il a été précédemment déclaré par le présent arrêt, la souscription aux 6.886 actions avait été accompagnée d'un versement global de 1.660.000 francs, s'appliquant à l'ensemble de la souscription; que, par l'effet de ce versement, toutes les actions y compris celles plus tard cédées à des tiers, doivent être considéres comme étant libérées du quart au moment même de la souscription; que par suite, la décision des premiers juges doit être infirmée sur ce point et que, relativement à ce chef de prévention, Pernotte doit être renvoyé des fins de la poursuite.

Sur le délit de distribution de dividendes fictifs:

Considérant que le délit de distribution de dividendes fictifs, en outre des éléments matériels, exige l'intention frauduleuse; que les prévenus invoquent leur bonne foi; qu'ils soutiennent que, en admettant, ce qu'ils contestent d'ailleurs, que les bénéfices tels qu'ils ressortaient de l'inventaire du 31 décembre 1919, ne pouvaient au moment où la distribution en a été proposée à l'assemblée générale, être considérés comme certains et réalisés, l'article 15-3° de la loi de 1867 ne leur serait pas applicable, l'élément moral faisant défaut;

Considérant que, pour établir leur bonne foi, ils s'appuient sur ce qu'il est constant qu'ils n'ont pas agi dans leur intérêt personnel, qu'ils n'ont pas cherché, en distribuant un dividende, à réaliser, pour leur propre compte, un bénéfice illicite, qu'ils n'ont pas eu pour but de donner par une manœuvre une apparence de solidité à une entreprise chancelante, puisque eux-mêmes avaient une confiance absolue dans les résultats d'une affaire qui déjà, en Extrême-Orient, avait pris une situation telle qu'elle excitait la jalousie de banques concurrentes; qu'ils ajoutent que si, dans la suite et postérieurement à la distribution du dividende, la situation de la banque a été très gravement compromise, ce désastre a été la conséquence d'évènements exceptionnels et d'une crise économique dont la gravité et les conséquences échappaient à toutes les prévisions ; qu'enfin si, pour essayer de « renflouer » la Banque Industrielle, ils ont commis des imprudences en se solidarisant avec certains de leurs plus gros débiteurs et en immobilisant ainsi leurs propres capitaux au moment où ils leur étaient indispensables, ces faits sont postérieurs au jour où a été proposée à l'assemblée générale la distribution des bénéfices; que d'ailleurs ils ne constitueraient que des imprudences dont on pourrait leur demander compte devant la juridiction commerciale, mais qui ne sauraient à aucun point de vue être atteintes par la loi pénale;

Considérant que, en effet, il ne peut être fait état de faits postérieurs au 25 juin 1920, jour auquel, sur la proposition du Conseil d'administration, l'assemblée générale a voté la distribution du dividende; mais que, au contraire, le fait que les prévenus n'ont pas agi dans un but d'intérêt personnel ou de spéculation et qu'ils auraient cherché uniquement à maintenir le fonctionnement d'une société sérieusement constituée ne suffirait pas pour faire disparaître l'intention coupable au sens de l'article 15; que ce serait là confondre le mobile avec l'intention; que l'intention frauduleuse, au sens légal du mot, existe toutes les fois que l'on a sciemment dissimulé la vérité sur l'importance de certains éléments, soit de l'actif, soit du passif; que ce n'est donc qu'après qu'auront été précisés les faits matériels d'où résulterait le délit, qu'il sera possible de déterminer si l'intention frauduleuse peut ou ne peut pas être considérée comme établie;

Considérant qu'aux termes de l'article 15-3° de la loi du 24 juillet 1867, placé dans le titre 1 relatif aux sociétés en commandite par actions, sont punis des peines portées par l'article 405 du Code pénal « les gérants qui, en l'absence d'inventaires ou au moyen d'inventaires frauduleux ont opéré entre les actionnaires la répartition de dividendes fictifs »; que l'article 45 § 1 a rendu l'article 15 applicable en matière de sociétés anonymes; que l'article 45 § 2 ajoute: « Les administrateurs qui, en l'absence d'inventaires ou au moyen d'inventaires frauduleux, auront opéré des dividendes fictifs, seront punis de la peine qui est prononcée dans ce cas par le n° 3 de l'article 15 contre les gérants des sociétés en commandite »;

Considérant qu'il résulte de ces textes que la première condition exigée est la répartition d'un dividende entre les actionnaires; que, en fait, cette répartition n'est pas contestée; qu'une circulaire en date du 2 janvier 1920 a fait connaître aux actionnaires qu'un acompte de 6 0/0 allait être distribué sur le dividende de l'exercice 1919, « en attendant que l'assemblée générale ordinaire en ait fixé le montant intégral »; que cet acompte a été payé; que le 11 juin 1920 le Conseil d'administration a décidé de proposer à l'assemblée générale ordinaire la distribution d'un dividende dont il avait fixé le chiffre; que le 25 du même mois, l'assemblée générale a voté une résolution, conforme à ces propositions, répartissant le solde bénéficiaire de 16.240.061 francs et fixant à 6.041.280 frs le montant des dividendes déjà distribués ou à distribuer pour l'exercice 1919;

Considérant que la distribution d'un dividende ne tombe sous le coup des articles 15-3° et 45 de la loi du 24 juillet 1867 qu'autant que deux conditions sont remplies: qu'il faut non seulement que ces dividendes soient fictifs, mais que la distribution en ait été faite, « en l'absence d'inventaire ou au moyen d'inventaires frauduleux »; que l'inventaire ainsi visé est celui prévu par l'article 34 § 3 de la même loi, aux termes duquel, « il est établi, chaque année, conformément à l'article 9 du Code de commerce un inventaire contenant l'indication des valeurs mobilières et immobilières et de toutes les dettes actives et passives de la société »; que les expressions « inventaires » et

« bilans » ne sont pas synonymes; que le bilan, ainsi que le spécifie l'article 35, n'est que le résumé de l'inventaire;

Considérant qu'il est établi par l'instruction et les débats et spécialement par les déclarations des experts qu'un inventaire a été dressé au 31 décembre 1919 et que le bilan soumis à l'assemblée générale était un résumé exact de cet inventaire, qu'il reste à déterminer si, comme l'ont décidé les premiers juges, cet inventaire peut être considéré comme frauduleux;

Considérant que, des expertises auxquelles il a été procédé, il resulte que l'inventaire doit être considéré comme régulier en ce sens qu'il reproduit tous les chiffres résultant d'une comptabilité qui avait été tenue très exactement; qu'en un mot l'inventaire et le bilan donnaient fidèlement, d'après les écritures, l'état de la situation active et passive de la Banque Industrielle;

Mais considérant que, pour qu'un inventaire soit exact et fidèle et puisse servir de base à une distribution de dividende, il ne suffit pas qu'il soit matériellement un relevé complet et exact de la comptabilité, qu'une autre condition est exigée: la sincérité des évaluations tant à l'actif qu'au passif;

Considérant que, à ce point de vue, les valeurs composant l'actif social se divisent en deux classes: les immobilisations et les valeurs mobilisées ou de roulement; que c'est relativement à ces dernières que des critiques ont été spécialement formulées;

Considérant, que, s'agissant d'un établissement financier, la classe des valeurs mobilisées ou de roulement comprend surtout des effets de commerce et des créances; que si les bons effets, c'est-à-dire ceux souscrits ou acceptés par des débiteurs solvables, peuvent être portés pour leur valeur nominale, déduction faite de l'escompte s'ils ne sont pas encore échus, il en est tout autrement pour les effets mauvais ou même simplement douteux; que, si les effets mauvais ne peuvent être inscrits que « pour mémoire », les effets douteux n'y doivent figurer que sous déduction d'une quote-part, dont le taux varie nécessairement avec la solvabilité présumée du débiteur et qui constitue ainsi une sorte d'assurance contre les risques éventuels; que la règle est la même en ce qui concerne les créances diverses;

Considérant qu'il y a lieu d'apprécier si ces règles ont été exactement appliquées dans l'inventaire du 31 décembre 1919;

Considérant qu'une première critique a été formulée relativement à la nature des opérations de la Banque Industrielle de Chine, en ce qu'elle a immobilisé une partie de ses capitaux, en consentant de véritables prêts à long terme à des sociétés pour leur permettre de faire face à des achats de matériel, à des frais d'installation, alors que, en Extrême-Orient surtout, la mobilité et la disponibilité des capitaux est indispensable pour le bon fonctionnement d'une banque; qu'en effet le réescompte, ressource précieuse pour les banquiers d'Europe et d'Amérique n'existe pas en Extrême-Orient; qu'il faut donc qu'une banque travaillant dans ces régions donne à sa trésorerie un soin tout particulier et se réserve toujours des disponibilités pour faire face à l'imprévu;

Mais que ce mode d'opérer, s'il constitue une imprudence ou une faute de gestion, ne peut par lui-même avoir une influence sur la sincérité de l'inventaire et lui imprimer un caractère frauduleux, à la condition que les résultats de ces opérations y aient figuré à leur valeur exacte; que les comptes appartenant à cette catégorie ne se distinguent donc pas des autres comptes débiteurs;

Considérant que les comptes de clients débiteurs figurent à l'inventaire de 1919 pour un total de 641.364.855 frs 3 centimes; que les experts ont considéré que pour vingt deux comptes formant un total de 163.372.073 frs 3 la situation était telle que, d'abord à la clôture de l'exercice et ensuite au jour où le bilan a été présenté aux actionnaires, s'imposait l'obligation de les amortir au moins partiellement;

Considérant que, au cours de l'instruction et des débats et notamment dans un « dire en réponse au rapport de MM. Doyen, Pons et Léon », il a été soutenu que le Conseil d'administration n'avait rien connu des cinq premières affaires portées au tableau (Gallusser; Société Maritime Pacifique; Société Maritime française; Société Maritime belge; Brossard Mopin), et que pour les autres, les administrateurs n'avaient pas les moyens de se prononcer en connaissance de cause sur la valeur exacte à attribuer à chaque créance; que cet argument, quelle qu'en soit la valeur, ne peut toutefois être invoqué par Berthelot et par Pernotte;

Qu'en effet Pernotte qui avait prêté son concours aux fondateurs de la Banque Industrielle de Chine, avait été nommé directeur général le 11 juillet 1913; que ses pouvoirs avaient été fixés par une délibération du 12 septembre 1913; qu'ils étaient très étendus; que notamment il devait préparer et discuter tous les traités; qu'il ne pouvait, il est vrai, engager la société que jusqu'à concurrence de 50.000 francs en général, et, sous certaines conditions, jusqu'à concurrence de 100.000 francs; mais que, en fait, il signait les conventions jusqu'aux chiffres les plus élevés, tout au moins pour les affaires conclues en Extrême-Orient, la difficulté des communications ayant amené le Président du Conseil d'administration à tolérer cette extension de pouvoirs;

Qu'André Berthelot était président du Conseil d'administration ; que par application de l'article 19 des statuts, le Conseil d'administration, par délibération du 25 juillet 1913, lui a délégué ses propres pouvoirs ; que, sans en avoir le titre, il était investi des fonctions d'administrateur-délégué, puisqu'il avait dans tous les cas le droit d'agir au nom de la société; qu'il soutient, il est vrai, que, en effet, il n'a jamais usé des pouvoirs étendus qui lui avaient été conférés et que Pernotte aurait personnellement engagé toutes les affaires; mais que en admettant que cette affirmation soit exacte, il n'en était pas moins tenu, sous peine de manquer aux obligations résultant de ses fonctions de président et du mandat qui lui avait été conféré, d'exercer un contrôle rigoureux sur la marche de toutes les affaires;

Considérant que les experts, après l'examen des vingt deux comptes suspects et de l'ensemble des opérations, sont arrivés à cette conclusion qu'il eût été nécessaire, pour parer aux risques et au non-recouvrement des comptes débiteurs, de constituer des provisions ou réserves spéciales formant un total de 39.367.717 francs; que les réserves existantes et les bénéfices accusés n'étaient que de 25.671.717 frs 65, de sorte que, loin de permettre la distribution d'un dividende, la situation résultant en réalité du bilan, tel qu'il eût dû être établi, se soldait par une perte de 13.696.057 frs 44;

Considérant que dans le « Dire » précité, les prévenus ont contesté le bien fondé de ces conclusions; qu'ils ont soutenu, d'abord que certaines erreurs d'appréciation avaient été commises par les experts relativement à l'évaluation des réserves supplémentaires imposées par eux et que le chiffre proposé dans leur rapport devait être réduit de 22.828.295 frs 35 et ramené à 16.539.421 frs 65; qu'ils ont soutenu ensuite qu'en réalité et pour parer aux éventualités, il avait été constitué des réserves occultes dont le montant s'élevait à 22.509.606 frs 44; qu'il en résultait, selon eux, que le total des réserves apparentes ou cachées, mais réelles et des bénéfices était de 25.671.659 frs 56 plus 22.509.606 frs 44; soit 48.181.266 francs; qu'en retranchant de ce chiffre celui des seules réserves que les experts eussent pu imposer, soit 16.539.421 francs 65, il resterait un excédent de disponibilités de 31.641.844 frs 35 qui légitimerait pleinement la distribution d'un dividende alors que celui-ci n'exigeait qu'un décaissement de 6.041.280 francs;

Considérant qu'à la suite de ce « Dire », un rapport supplémentaire a été demandé aux experts; que sur le vu des nouvelles justifications produites par la défense et de documents dont ils n'avaient pas eu connaissance lors de la rédaction de leur premier rapport, les experts ont reconnu que sur certains des 22 comptes débiteurs par eux vérifiés, quelques rectifications pourraient être admises; mais que néanmoins ils ont maintenu les sous-évaluations de l'actif ou les réserves correspondantes à inscrire au passif qu'ils avaient proposées dans leur premier rapport; qu'à ce point de vue, ils font valoir que « le taux de réserve proposé sur certains autres comptes a été extrêmement modéré et que notamment les risques attachés au compte Brossard, Mopin et Compagnie auraient justifié la création d'un fonds de prévoyance supérieur à 10 0/0; qu'ils en ont conclu « que les provisions dont ils ont proposé la création pour les 22 comptes examinés, représentaient dans leur ensemble un total plutôt inférieur à ce qu'un Conseil d'administration vigilant et soucieux des intérêts sociaux, aurait dû mettre en réserves avant toute répartition de dividende »;

Que, en ce qui concerne ceux des comptes qui n'avaient pas fait de la part des experts, l'objet d'un examen particulier dans leur premier rapport, les prévenus dans leur « Dire », avaient fait remarquer que, sur ces comptes dont le total est de 177.992.782 francs, les experts avaient estimé qu'il y avait lieu de prévoir au minimum un amortissement de 2 0/0, soit 9.559.855 francs; qu'ils avaient ajouté que cette fixation était arbitraire, puisque les comptes n'avaient pas été vérifiés; qu'aucune disposition légale ni aucune tradition n'oblige un établissement de crédit à porter à un compte spécial de réserve une provision quelconque pour les risques d'escompte ou les découverts par ouvertures de crédit ou avancés en compte-courant; que les pertes très minimes (à l'Agence de Shangaï, sur plus de 150 millions de papier escompté, la perte du 31 décembre 1919 ne dépassait pas 2.000 francs) qui peuvent se produire de ce chef au cours de l'année affectent le compte courant du nouvel exercice et influencent le solde de ce compte;

Que les experts, dans leur nouveau rapport, ont répondu que le principe même de la dépréciation forfaitaire ne pouvait être contesté, que le taux seul était discutable; que des comptes de l'agence de Paris avaient été par eux examinés et auraient donné lieu à une dépréciation plus élevée; qu'ils ont estimé sans pouvoir se reporter à la comptabilité d'Extrême-Orient, ce qui était matériellement impossible, que dans cette région les risques devaient être sensiblement moindres; que pour ce motif ils ont admis le taux relativement réduit de 2 0/0; qu'ils maintenaient leurs précédentes conclusions;

Considérant que, d'autre part, les prévenus soutiennent qu'en admettant que, à raison des risques, certaines créances n'eussent pas dû être portées à l'inventaire pour leur valeur intégrale, toutes mesures avaient été prises à cet effet; qu'en effet des provisions spéciales, que ne faisait pas ressortir l'inventaire, avaient été constituées pour parer à toutes les éventualités dans la mesure où il était alors possible de les prévoir;

Considérant en effet que, ainsi qu'il résulte expressément de l'arrêt de cette chambre en date du 24 juin 1924, dans diverses agences d'Extrême-Orient et spécialement dans les agences de Saïgon et de Canton, des provisions ou réserves occultes avaient été comptabilisées; que la sous-évaluation du bénéfice résultait du change; que, à la suite de leurs nouvelles vérifications, les experts ont estimé que le montant total de ces réserves occultes devait être fixé à 10.000.000 de francs; que par suite, ainsi que l'ont constaté les premiers juges, l'inventaire faisait en réalité ressortir un excédent à l'actif et que les 6.041.280 francs de dividendes distribués n'excédaient plus que de 2.856.042 francs le solde disponible;

Considérant que les prévenus soutiennent que, malgré ces rectifications, le chiffre des réserves occultes n'a pas encore été fixé à sa véritable valeur; que les experts n'ont pas fait état d'une réserve de 14.739.369 francs provenant de bénéfices de change réalisés par les diverses agences d'Extrême-Orient; que si cette nouvelle rectification était faite, il en résulterait un solde bénéficiaire dépassant de beaucoup le chiffre affecté à la distribution du dividende contesté;

Considérant d'une part que, tant dans leur rapport que dans les dépositions par eux faites à l'audience du Tribunal, les experts ont maintenu que cette réserve ne constituait qu'un bénéfice théorique ne reposant que sur l'évaluation d'une position en monnaies étrangères qui devait être liquidée à des cours différents de ceux du 31 décembre 1919 et ne pouvait être considérée comme un bénéfice acquis au 31 décembre 1919;

Considérant, d'autre part, que dans leurs « Observations sur le bilan et les réserves » et dans leurs déclarations orales à l'audience de la Cour, les prévenus ont maintenu que les bénéfices sur lesquels ont été prélevées les réserves occultes ne diffèrent en rien des autres bénéfices qui ont été inscrits au compte de profits et pertes; que, de plus, ils ont fait remarquer que, au cours de leurs dépositions les experts avaient reconnu que ces réserves ne pouvaient constituer un bénéfice acquis que *dans une certaine mesure*, sans la préciser d'ailleurs; qu'il n'est évidemment pas excessif de considérer que ce bénéfice s'élevait au moins à 3 millions;

Considérant que, dans ces conditions, si l'on estime qu'il y a lieu d'admettre les évaluations proposées par les experts pour certains éléments de l'actif susceptibles de dépréciation, l'inventaire, à raison des réserves occultes qui compensent les réductions opérées sur la valeur de certains des éléments de l'actif, représenterait sensiblement la situation de la Banque Industrielle et aurait permis la distribution d'un dividende; que par suite, la base acceptée par les premiers juges pour fonder la déclaration de culpabilité ne saurait être maintenue;

Mais, considérant que la prévention soutient que, au 31 décembre 1919 et, dans tous les cas, dans la période qui s'est écoulée entre ce jour et le 25 juin 1920, il s'était produit des évènements qui révélaient l'imminence d'une crise économique des plus graves qui empêchait de considérer comme acquis les bénéfices résultant en apparence de l'inventaire; que dès le mois de novembre 1919, le Federal Reserve Board American invitait les banques à la prudence et portait à 7 0/0 le taux de l'escompte et la banque d'Angleterre portait de son côté, l'escompte de 5 à 6 0/0 pour l'élever à 7 0/0 le 6 avril suivant, alors que la banque de France le portait à 6 0/0; qu'au début de 1920 la farine et les céréales subissaient une baisse aux Etats-Unis; qu'en février 1920 la baisse commençait sur les métaux; qu'en mars 1920, un effondrement se produisait sur le marché de la soie au Japon et qu'à la suite de ce krack deux banques importantes suspendaient leurs paiements et la Bourse des valeurs était fermée; qu'en avril, mai et juin la crise s'accentuait, que les cours baissaient sur la plupart des marchandises, que les crédits se resserraient de plus en plus, que nombre de commerçants cherchaient à échapper à leurs engagements et refusaient de prendre livraison des marchandises antérieurement achetées à de hauts prix; qu'à la Bourse de Paris les cours des valeurs s'effondraient, qu'une baisse énorme se produisait sur les frêts;

Considérant qu'il était facile de prévoir que la crise, dont la gravité devenait évidente, devait nécessairement commencer par atteindre les nouvelles entreprises, celles nées dans les dernières années d'essor, sur lesquelles on avait cru alors pouvoir fonder de grandes espérances;

Considérant que, à ce point de vue, l'ensemble des opérations traitées par la Banque Industrielle imposait des mesures spéciales de prévoyance; que des avances considérables avaient été consenties à un certain nombre de clients dans des conditions très risquées; qu'un crédit imprudemment ouvert appelle le crédit et qu'un crédit de banque permanent est en général une véritable commandite; que telle était notamment la situation relativement à Gallusser et la Société Maritime et Commerciale du Pacifique, à la Société Maritime française, à la Société Maritime belge, à la Société Brossard, Mopin et Compagnie, à la Société pour l'industrie chimique en France, à la Société des produits chimiques de Paimbœuf; que ces industries formées à la fin de la guerre devaient, plus que d'autres, subir les effets de la crise, les causes qui avaient pu leur donner les apparences de la prospérité ayant disparu;

Considérant que ce danger n'avait pas échappé aux dirigeants de la Banque; qu'ainsi ils écrivaient à la Société du Pacifique, le 17 septembre 1919:

« Notre comité de direction ne nous autorise plus à « augmenter le découvert de votre compte ordinaire qui « s'élève à 33.134.494 francs »; le 5 décembre 1919: « nous prenons la liberté d'attirer votre attention sur « les remarques suivantes que nous suggère l'examen de « votre compte chez nous, en ce qui concerne tout par- « ticulièrement vos ouvertures de crédits documentaires. « Nous vous donnons à la note ci-jointe le détail de « ces crédits que nous vous avons ouverts pour votre « compte depuis le 1er décembre et qui s'élèvent en totalité « à £ 289.235; Francs: 1.555.325; Taels: 67.998; contre « lesquels vous ne nous avez versé que 17.396.000 francs. « Nous vous donnons ceci à titre d'exemple, mais nous « pourrions remonter plus haut et, d'une façon générale, « nous remarquons que vous ne nous couvrez jamais « intégralement du montant des documents que nous « levons pour votre compte. Nous profitons de cette « occasion pour vous demander de nous faire savoir de

« façon très précise, la date à laquelle vous nous cou-
« vrirez de nos décaissements pour votre compte » ;

Le 6 mars 1920. — « Permettez-nous à nouveau d'at-
« tirer votre attention sur la situation de vos comptes chez
« nous... Nous ne vous cachons pas que cette situa-
« tion irrégulière nous place dans le plus grand embarras,
« d'autant plus que les quelques fonds versés par vous,
« sont, en général, immédiatement affectés à de nou-
« velles opérations ». Le 10 mars 1920. — « Il reste
« bien entendu que vous amortirez dans le plus bref
« délai votre découvert et que vous ne pourrez rem-
« ployer en aucun cas dans de nouvelles opérations les
« fonds que vous nous aurez ainsi versés en amortisse-
« ment sans notre assentiment préalable et par écrit » ;

« Que, à la séance du Conseil d'administration du
« 16 mai 1920, le président André Berthelot avait si-
« gnalé les difficultés que soulevait la trésorerie, qui
« allaient s'accroître encore du fait du remboursement
« de certains gros crédits ouverts par la Banque à sa
« clientèle ; qu'il avait fait remarquer que l'élévation
« du taux de la Banque d'Angleterre imposait une
« réserve prudente pour les découverts de banque et
« qu'à ce point de vue le directeur général avait adressé
« des instructions précises tant aux agents d'Extrême-
« Orient qu'aux agents de France ;

Que ces inquiétudes des dirigeants de la Banque Industrielle se révèlent par les télégrammes envoyés de Paris aux agences d'Extrême-Orient : — 16 avril 1920 : « Situation financière assez sombre. Il y a lieu
« de craindre que crise grave se produise avant long-
« temps. Nous vous conseillons donc extrême prudence
« dans vos opérations ». 28 mai 1920 : — « Crise commer-
« ciale et économique paraît à peu près certaine avant
« peu. Nous renouvelons conseil extrême prudence.
« Veuillez vous efforcer, d'une part, éviter engagements,
« d'autre part, augmenter chiffre vos disponibilités. Con-
« sentir avances sur marchandises seulement avec mai-
« sons de premier ordre et de réputation éprouvée ».
4 juin 1920 : — Crise commerciale très grave, riz. Quels
« sont vos engagements. Veuillez-vous abstenir de toute
« nouvelle opération sur cet article » ;

Considérant que, d'autre part, la Banque Industrielle de Chine avait, comme il a été déjà exposé, partie liée avec la Société du Pacifique, avec la Société Brossard et Mopin, avec plusieurs Sociétés Maritimes, et que la crise que l'on considérait comme très grave et inévitable, rendait la situation d'autant plus périlleuse; que, cependant, même à ce moment critique, au mois d'avril 1920, les dirigeants de la Banque Industrielle consentaient à avancer les fonds nécessaires pour l'augmentation du capital de l'Eveil français: « Il est convenu, disait, le 19 avril 1920, le Conseil d'administration de l'Eveil, que la Banque Industrielle de Chine portera l'Eveil français au capital de 25 millions avec un premier échelon de 15 millions; qu'en attendant que l'Eveil ait accompli tant auprès de ses actionnaires que du ministère, les formalités nécessaires, la Banque mettra à la disposition de l'Eveil sous la forme d'une ouverture de crédit ou d'une avance au compte-courant, la somme de 2 millions 500.000 francs, représentant le quart de la première tranche d'augmentation; que par ses soins l'Eveil français sera coté et qu'ainsi par l'émission d'obligations il sera fait face aux besoins, à l'installation immobilière ainsi qu'à la consolidation des crédits ouverts pour le service des rentes viagères; que la présidence du Conseil sera dévolue à la B. I. C., que les autres administrateurs seront également délégués par elle... » ; que, dans le même ordre d'idées, il y a lieu de signaler les rachats de titres de la Société Maritime française;

Considérant que cependant à l'Assemblée générale du 25 juin 1920, André Berthelot faisait les déclarations suivantes: « D'une manière générale, notre rôle a été limité aux opérations bancaires et parmi ces opérations qui suffisent à notre activité, à celles qui tendent à favoriser les relations entre l'Europe et spécialement la France, et les pays d'Extrême-Orient. Nous avons eu à faire un très grand nombre d'opérations se rapportant à des marchandises telles que le riz, la soie, etc... Conformément aux usages bancaires, nous avons pris à ce sujet toutes les précautions d'usage et nous n'avons accepté aucune part des risques personnels. Nous avons été complètement couverts, non seulement par les garanties exigées, mais aussi par ce fait que nous ne traitons pour les opérations importantes qu'avec des maisons d'une solvabilité reconnue et consolidée. Aussi, bien qu'il se soit produit de très fortes baisses, ces temps derniers, nous n'avons été, en aucune façon touchés par les évènements... C'est vous dire qu'au moment où nous avons procédé à l'augmentation de notre capital social, nous considérions comme moralement probable, ce dont nous sommes aujourd'hui certains (à moins d'évènements du genre de la catastrophe mondiale qui a frappé le monde de 1914 à 1918 et qui échappent aux prévisions humaines), que, dans les limites normales des faits économiques, nous pourrons vous proposer le maintien, pour le capital élargi, quel que soit cet élargissement, d'un dividende égal à celui que nous vous proposons de voter »;

Considérant que les prévenus objectent que des imprudences ont pu être commises dans la gestion; que des capitaux ont été à tort immobilisés, mais que ce sont là des fautes d'ordre civil ou commercial, qui, à aucun point de vue, ne sauraient rentrer dans le domaine de la juridiction répressive;

Qu'ils font valoir qu'ils ont pu en toute sincérité, affirmer à l'assemblée générale leur confiance absolue dans l'avenir de la banque qu'ils dirigeaient, malgré la crise, qui commençait à sévir; — qu'en effet d'une part, les provisions ou réserves occultes qu'ils avaient eu soin de ménager étaient suffisantes pour permettre de considérer que les opérations de l'exercice 1919 arriveraient à bonne fin; — que sur ce point leurs prévisions avaient été sensiblement les mêmes que celles des experts chargés plus tard d'examiner les éléments du bilan; — que d'ailleurs les lettres que, dans le premier semestre 1920, ils avaient reçues des agences d'Extrême-Orient, leur prouvaient que, malgré la crise, les résultats continuaient à être des plus favorables;

Que Berthelot et Pernotte ne contestent pas qu'ils ont su qu'une crise était imminente; — qu'ils reconnaissent qu'ils l'ont eux-mêmes signalée à leurs agents; mais que, selon eux, c'étaient là des mesures de prévoyance visant les opérations à engager et la marche à suivre pour les nouvelles affaires qu'il s'agirait d'entreprendre; —

que, pour les anciennes, ils n'avaient pas à s'en préoccuper, puisque la plupart étaient déjà liquidées ou allaient être prochainement réglées et que d'ailleurs, en fait, elle se sont à peu près toutes heureusement terminées; que le déficit qui s'est produit et qui n'a pas été compensé par les réserves occultes provient surtout d'affaires conclues après la clôture de l'inventaire;

Qu'ils ajoutent que la crise a pris un caractère de gravité qui a dépassé toutes les prévisions et qui, en entraînant la ruine de gros débiteurs, a amené le désastre qui a frappé la Banque; que, si la fictivité des dividendes devait se déterminer en tenant compte de la dépréciation subie postérieurement par les créances, toute distribution de dividende deviendrait en réalité impossible pendant le cours de l'existence de la société;

Que Berthelot et Pernotte déclarent qu'une appréciation inexacte ou un optimisme exagéré n'ont rien de commun avec la fraude qui forme l'élément essentiel du délit et qui suppose l'intention coupable de tromper en inscrivant dans l'inventaire des chiffres que l'on savait inexacts et faux;

Considérant que, de ce qui précède, il résulte que, si étant donné l'état des créances aux jours, tant de l'établissement de l'inventaire que de la proposition de distribution d'un dividende, et alors qu'il existait des réserves occultes, les chiffres portés à l'inventaire ainsi qu'au bilan, soumis à l'assemblée générale, peuvent être considérés comme présentant des résultats tels qu'un dividende pouvait être distribué; mais qu'il n'en eût été ainsi qu'autant que la proposition de distribution se serait produite dans une situation normale, qu'en fait une crise grave non seulement s'annonçait, mais avait même commencé à se produire; que les experts, il est vrai, connaissaient cette situation spéciale et y ont fait allusion à de nombreuses reprises dans leur rapport; mais que, sur ce point, ainsi que les événements l'ont prouvé, leurs prévisions étaient insuffisantes; qu'ils paraissent s'être attachés surtout à la comptabilité même, sans tenir un compte suffisant des graves répercussions que cette crise devait avoir, non seulement, en particulier, sur telle ou telle affaire, mais sur tout l'ensemble des opérations;

qu'incontestablement, dans une pareille situation, la prudence exigeait que, sans discuter chacun des éléments de l'actif, toute distribution de dividende fût suspendue;

Considérant qu'au moment où était proposée la distribution, la gravité de cette crise n'avait pas échappé aux dirigeants de la Banque Industrielle de Chine, ainsi qu'en font foi les documents précédemment rappelés; que Berthelot et Pernotte soutiennent, il est vrai, que les lettres ou télégrammes par eux envoyés aux agences, étaient des mesures de précautions relatives aux affaires à engager et ne visant que l'exercice alors en cours; qu'ils estimaient que la crise, dont ils ne pouvaient d'ailleurs soupçonner le caractère de gravité, qu'elle n'a pris que plus tard, ne pouvait compromettre les résultats de l'exercice 1919, dont les opérations étaient réglées ou allaient être réglées à brève échéance; que, par suite, si des réserves spéciales, non plus occultes, mais inscrites à l'inventaire, devaient, par suite des évènements, être constituées, c'était à l'assemblée générale des actionnaires qu'il aurait appartenu de les établir, lorsqu'elle aurait statué sur l'inventaire du 31 décembre 1920;

Considérant que, en principe, il faut, il est vrai, pour apprécier la légalité des dividendes, considérer uniquement la situation de la société à l'époque de la distribution, sans se préoccuper des évènements postérieurs; que c'est là en effet le rôle de la réserve légale de faire face aux éventualités incertaines;

Mais considérant que cette règle n'est applicable qu'autant qu'à l'époque de la distribution, des évènements postérieurs ne pouvaient être prévus; qu'au mois de juin 1920, la crise non seulement était probable, mais était même certaine; que les dirigeants de la B. I. C. ne savaient sans doute pas quelle en serait la gravité exceptionnelle, mais que du moins ils savaient qu'elle aurait de sérieuses conséquences et pouvait entraîner la ruine de leurs plus gros débiteurs, spécialement celle des compagnies de navigation; qu'ils savaient, d'autre part, que leur société étant de création récente, la réserve légale était relativement peu importante et ne pourrait faire face aux défaillances qui se produiraient;

Considérant qu'en ne signalant pas ce danger à l'assemblée générale et en lui proposant la distribution d'un dividende qu'ils déclaraient justifiée par la situation prospère, ils ont donné à l'inventaire et au bilan un caractère frauduleux;

Considérant que, pour ces motifs et non par ceux qui figurent dans le jugement frappé d'appel, il y a lieu de confirmer sur ce chef de prévention la décision des premiers juges;

En ce qui concerne Berthelot et Pernotte:

Adoptant en outre les motifs sur lesquels les premiers juges se sont fondés pour établir leur responsabilité personnelle.

En ce qui concerne Chautard qui a été renvoyé des fins de la poursuite;

Considérant que les autres administrateurs n'ont pas été compris dans la poursuite, parce qu'il a été établi que matériellement il leur était impossible de se rendre personnellement compte des motifs pour lesquels l'inventaire, quoique conforme aux écritures, ne présentait pas la véritable situation active et passive de la société; que l'intention coupable faisait donc défaut;

Considérant que Chautard seul avait été poursuivi, parce que, étant président du Conseil d'administration de la Société des Produits chimiques, dont le compte était largement débiteur de la Banque Industrielle de Chine, il avait pu par là même se rendre compte des risques courus par cette dernière;

Mais considérant qu'il n'est pas établi que du fait de ses engagements avec la Société des Produits chimiques, la B. I. C., ait couru des risques graves; que d'ailleurs, en fait, celle-ci paraît avoir été complètement désintéressée; que la situation de Chautard est donc la même que celle des autres administrateurs.

En ce qui concerne Meilhan qui a été renvoyé des fins de la plainte;

Adoptant les motifs des premiers juges.

Sur l'application de la peine;

Considérant qu'il y a lieu de tenir le plus grand compte des circonstances spéciales dans lesquelles le délit a été commis;

Considérant que ni Berthelot, ni Pernotte n'ont eu pour

mobile soit de se procurer des avantages personnels, soit de faire croire à la réalité d'une entreprise chimérique; qu'ils ont eu une confiance exagérée dans la solidité d'une entreprise qui avait donné des résultats appréciables et que, pour conjurer un danger dont ils la voyaient menacée, ils n'ont pas craint de dissimuler à l'assemblée générale la situation périlleuse dans laquelle elle se trouvait; qu'il y a lieu de leur accorder, ce qu'ont fait d'ailleurs les premiers juges, le bénéfice des circonstances atténuantes, et, en ce qui concerne Pernotte, de supprimer la peine d'emprisonnement prononcée par les premiers juges et d'ordonner la confusion avec la peine antérieurement prononcée par la 10e Chambre de la Cour.

Sur les conclusions des parties civiles,

Sur les demandes tendant à ce qu'il soit donné acte de reprise d'instance;

Considérant que, depuis l'appel interjeté par Ducher, celui-ci est décédé, laissant: 1o la dame Chanty, Veuve Ducher; 2o la dame Ducher, épouse Vigeral; 3o Stéphane-François-Benoît Vigeral; 4o Gilberte, Joseph, Abel Ducher pour héritiers;

Considérant que, depuis l'appel interjeté par Meiffre, celui-ci est décédé, laissant pour héritiers: 1o la dame Veuve Meiffre; 2o la dame Meiffre, épouse Barre;

Considérant que lesdits héritiers déclarent reprendre en cette qualité l'instance pendante devant cette Chambre; que la dame Ducher et la dame Barre sont assistées de leurs maris; qu'il y a lieu de leur donner acte de ce qu'ils entendent reprendre l'instance;

Sur le dommage résultant du délit d'émission:

Considérant que Bonheur n'ayant pas interjeté appel et ne figurant plus au procès que comme intimé sur les appels formés par les prévenus, il y a chose jugée à son égard.

En ce qui concerne les autres parties civiles toutes appelantes:

Considérant que, à tort, les premiers juges ont déclaré que l'irrégularité résultant du non-versement du quart ayant été réparée leur action n'était plus recevable; que l'article 8, dans son paragraphe 3, ajouté par la loi du 1er août 1893, déclare seulement non recevable l'action en nullité de la société, lorsque avant l'introduction de la demande la cause de nullité a cessé d'exister ; mais qu'il déclare au contraire que l'action en responsabilité, pour les faits d'où résulte la nullité, ne cesse d'être recevable que lorsque trois années se sont écoulées depuis le jour où la nullité était encourue; qu'il n'est pas contesté que la demande a été introduite dans ce délai ;

Mais considérant qu'il est constant, en fait, qu'aucun préjudice n'a été causé de ce chef aux parties civiles; que d'une part, la nullité résultant du défaut de versement du quart est couverte par suite des régularisations qui ont été opérées; que d'autre part, le défaut de versement ne constitue dans l'espèce qu'une irrégularité matérielle; qu'elle n'a pas eu pour but de faire croire au succès d'une émission qui avait échoué, d'autant plus qu'il est établi qu'il avait été fait un nombre de souscriptions régulières supérieur à celui des actions émises; que l'action en réparation civile n'est pas fondée.

Sur l'action résultant du délit de négociation d'actions non libérées du quart:

Considérant que du présent arrêt il résulte que ce délit n'est pas établi.

Sur l'action basée sur le délit de distribution de dividendes fictifs:

Considérant que l'action est recevable et qu'un préjudice peut avoir été éprouvé;

Adoptant sur ce point les motifs des premiers juges,

En la forme, déclare recevables les appels interjetés.

Sur la disjonction:

Disjoint en ce qui concerne Favareille; renvoie la cause à l'audience du lundi 7 décembre 1925:

Au fond:

Sur l'action publique:

Déclare, en ce qui concerne Frézouls, l'action publique éteinte par suite de son décès;

Confirme le jugement dont est appel, en tant qu'il a déclaré Berthelot, Pernotte, Chautard, Ballu, de Cérenville, Henry, Loste et Perchot, coupables du délit d'émission d'actions de 500 francs d'une société anonyme dont un certain nombre n'étaient pas libérées du quart;

L'infirme au contraire en tant qu'il a déclaré Pernotte

coupable d'avoir, au moyen d'un inventaire frauduleux, opéré entre les actionnaires la répartition de dividendes fictifs et Pernotte coupable de s'être, par aide et assistance, sciemment rendu complice de ce délit;

En conséquence,

Leur faisant application, chacun en ce qui le concerne des dispositions des articles de loi visés au jugement;

Maintient les peines prononcées par les premiers juges, supprime toutefois la peine de six mois d'emprisonnement prononcée contre Pernotte et dit que l'amende à laquelle il est condamné par le présent arrêt se confondra avec la peine prononcée par l'arrêt de la 10e Chambre de la Cour;

Et statuant sur les conclusions des parties civiles:

Donne acte aux héritiers Meiffre et Ducher, de ce qu'ils déclarent reprendre l'instance pendante devant cette chambre sur l'appel interjeté par leurs auteurs respectifs contre le jugement du tribunal correctionnel de la Seine, du 2 août 1923;

Dit mal fondée l'action en dommages-intérêts formée par les parties civiles en tant qu'elle est fondée sur les délits d'émission et de négociation d'actions non libérées du quart;

Confirme le jugement dont est appel en tant qu'il a déclaré recevable l'action fondée sur le délit de distribution de dividendes fictifs, a déclaré qu'il n'y avait pas dans la procédure d'éléments suffisants pour déterminer l'importance du préjudice causé et a commis M. Léon pour procéder à une expertise;

Condamne les prévenus aux dépens;

Fixe au minimum la durée de la contrainte par corps.

(Du 16 novembre 1925. — MM. Le Poittevin, Président; P. Regnault, Avocat général; MM. le Bâtonnier Fourcade, Goutard, Léouzon-Leduc, Chairy, Avocats des prévenus; André Dolbeau et Beck, Avocats des parties civiles.)

ANGERS. — IMP. CENTRALE

www.ingramcontent.com/pod-product-compliance
Ingram Content Group UK Ltd.
Pitfield, Milton Keynes, MK11 3LW, UK
UKHW021042180726
13838UKWH00004B/1969